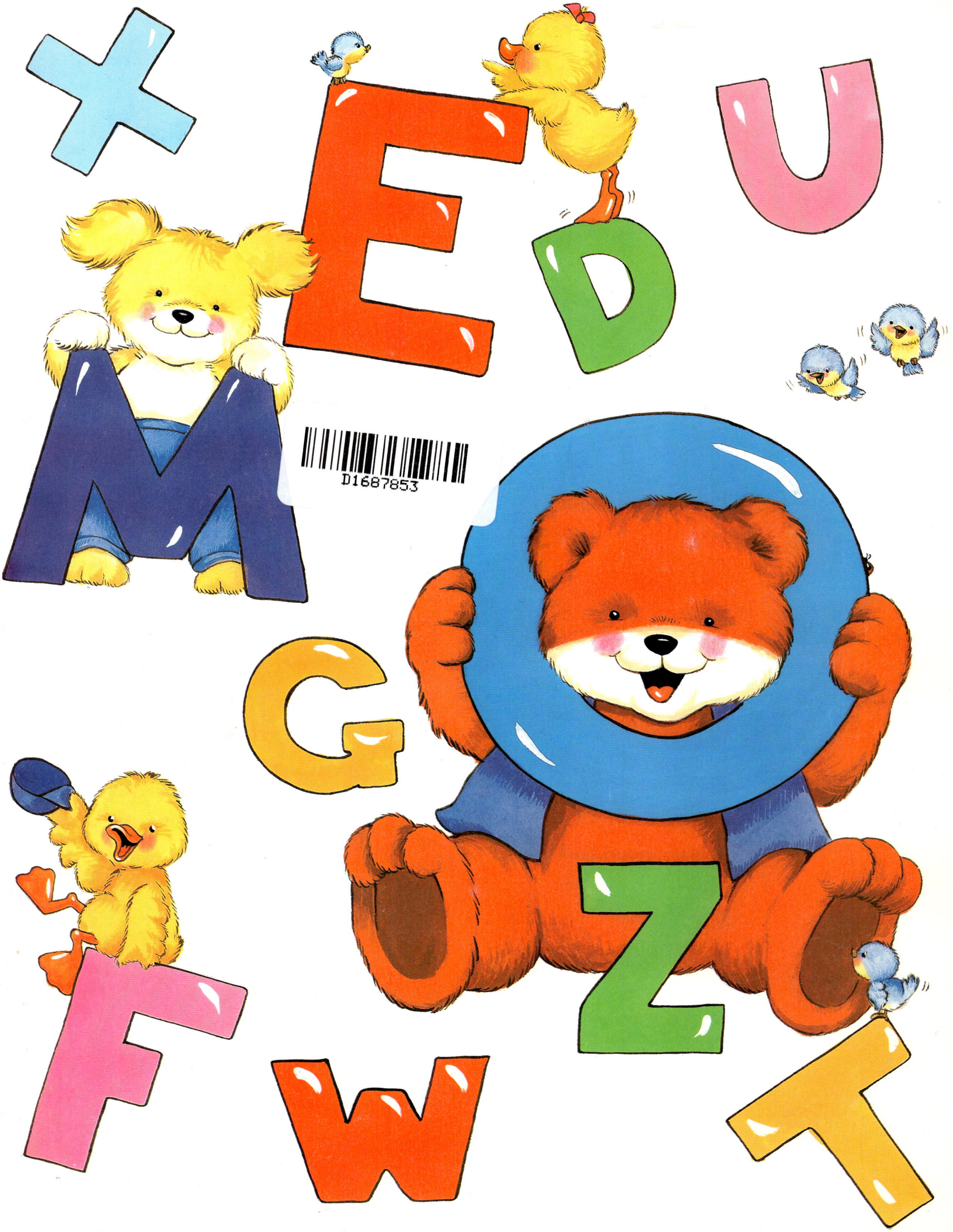

ISBN 3-8212-1329-9
Copyright © 1994 by XENOS Verlagsgesellschaft mbH
Am Hehsel 40, 22339 Hamburg
Illustrationen: Gill Guile und Barbara Rzepa-Leichsenring
Deutsche Bearbeitung: Lutz Brütt
Satzarbeiten: Olaf Hille Verlag GmbH, Hamburg
Die Originalausgabe erschien bei
Brimax Books Ltd., England, 1993
All Rights Reserved
Printed in Slowakia

Mein buntes Vorschullexikon

XENOS

Hoppel hat **Geburtstag**. Er lädt Freunde zu einem **Fest** ein.

Lumpi und Ben kommen zuerst. „Alles Gute zum **Geburtstag**, Hoppel!" sagen sie.

„Hier ist dein Geschenk", sagt Lumpi. Es ist ein **roter Ball**. „Danke", sagt Hoppel.

Daggie und die drei Küken kommen als nächste.
Sie schenken Hoppel einen **blauen Drachen**.

Bald haben alle Hunger. Hoppel hat einen **großen Kuchen** gebacken. Alle haben einen **Hut** auf.

Hoppel, Ben und Lumpi tanzen. Die Küken **spielen** und lachen.
„Ein schöner Geburtstag", ruft Daggie.

Aa

A B C D E F G H I J K L M N O P Q R S T U V W X Y Z
a b c d e f g h i j k l m n o p q r s t u v w x y z

Abend

Die Küken schauen sich am **Abend** den Sonnenuntergang an.

acht

8

achtzehn

18

Affe

Der **Affe** ißt Bens Banane.

Alphabet

Die Küken lernen in der Schule das **Alphabet**.

antworten

Weil Hoppel einen Bonbon anbietet, kann Lumpi nur mit **ja**! antworten.

A B C D E F G H I J K L M N O P Q R S T U V W X Y Z
a b c d e f g h i j k l m n o p q r s t u v w x y z

Aa

Apfel

Hoppel ißt einen **Apfel**.

Armsessel

Lumpi sitzt in seinem **Armsessel**.

Arzt

Daggie besucht den **Arzt**, weil sie Bauchschmerzen hat.

Auge

Ben zeigt auf sein **Auge**.

Auto

Ben fährt stolz mit seinem **Auto**.

Axt

Lumpi hackt das Holz mit der **Axt**.

Bb

A **B** C D E F G H I J K L M N O P Q R S T U V W X Y Z
a **b** c d e f g h i j k l m n o p q r s t u v w x y z

Backofen

Hoppel backt den Kuchen im **Backofen**.

baden

Die Küken **baden** in der Badewanne.

Ball

Die Küken werfen mit dem **Ball**.

Ballon

Lumpi bläst einen **Ballon** auf.

bauen

Lumpi **baut** einen hohen Turm mit seinen Bausteinen.

Baum

Hoppel klettert auf einen **Baum**.

A B C D E F G H I J K L M N O P Q R S T U V W X Y Z
a b c d e f g h i j k l m n o p q r s t u v w x y z

Bb

Bauernhof

Hoppel füttert die Tiere auf dem **Bauernhof**.

Bein

Ben steht auf einem **Bein**.

Berg

Ben klettert auf einen **Berg**.

Bett

Lumpi schläft in seinem **Bett**.

Bilderbuch

Die Küken lesen in einem **Bilderbuch**.

Bb

A B C D E F G H I J K L M N O P Q R S T U V W X Y Z
a b c d e f g h i j k l m n o p q r s t u v w x y z

blasen

Hoppel will seinen Ballon auf**blasen**.

Blatt

Hoppel findet ein **Blatt** am Boden.

blau

Bens Hut ist **blau**.

Bleistift

Ben schreibt mit dem **Bleistift**.

Blitz

Die Küken haben Angst vor dem **Blitz**.

Blume

Daggie trägt eine **Blume** am Hut.

A B C D E F G H I J K L M N O P Q R S T U V W X Y Z
a b c d e f g h i j k l m n o p q r s t u v w x y z

Bb

Boot
Die Küken lassen ihr **Boot** auf der Pfütze segeln.

braun
Lumpis Mantel ist **braun**.

Brief
Lumpi schreibt einen **Brief** an seinen Freund.

Brille
Daggie trägt eine **Brille** auf dem Schnabel.

bringen
Ben muß den Einkauf nach Hause **bringen**.

Brot
Ben kauft ein **Brot**.

Bb

A B C D E F G H I J K L M N O P Q R S T U V W X Y Z
a b c d e f g h i j k l m n o p q r s t u v w x y z

Brücke

Die Küken watscheln über die **Brücke**.

Buch

Hoppel liest ein **Buch**.

bügeln

Hoppel möchte seinen Pullover mit dem Bügeleisen **bügeln**.

Buntstift

Hoppel malt ein Bild mit einem **Buntstift**.

Busch

Die Küken entdecken ein Vogelnest im **Busch**.

Butter

Hoppel streicht **Butter** auf sein Brot.

A B C D E F G H I J K L M N O P Q R S T U V W X Y Z
a b c d e f g h i j k l m n o p q r s t u v w x y z

Cc

Christbaum

Lumpi hat den **Christbaum** mit seinen Freunden geschmückt.

Clown

Die Küken lachen über den **Clown**.

Cockerspaniel

Lumpi besucht den **Cockerspaniel**.

Computer

Ben arbeitet an seinem **Computer**.

Cornflakes

Ben ißt zum Frühstück jeden Morgen **Cornflakes**.

Dd

A B C D E F G H I J K L M N O P Q R S T U V W X Y Z
a b c d e f g h i j k l m n o p q r s t u v w x y z

Dach

Auf dem **Dach** ist ein Storchennest.

Dampf

Der **Dampf** entsteht beim Kochen.

Decke

Hoppel schläft und träumt unter seiner warmen **Decke**.

dein

Lumpi, ist das **dein** Teddy?

Delphin

Die Küken sehen dem **Delphin** zu, der im Meer schwimmt.

A B C **D** E F G H I J K L M N O P Q R S T U V W X Y Z
a b c **d** e f g h i j k l m n o p q r s t u v w x y z

Dd

denken

Ben muß an Oma Grete **denken**.

dick

Der Bauch des Känguruhs ist **dick**.

Dinosaurier

Ein **Dinosaurier** ist ein Tier, das vor langer Zeit lebte.

Dose

Daggie nimmt sich Kekse aus der **Dose**.

Drachen

Hoppel läßt seinen **Drachen** steigen.

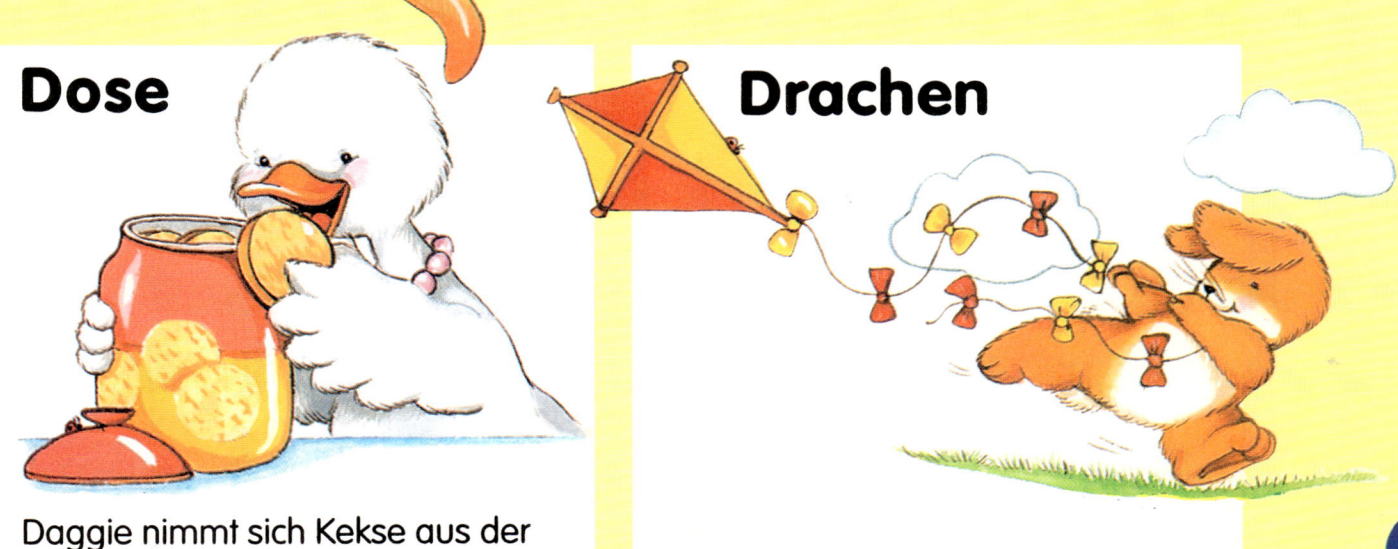

17

Dd

A B C D E F G H I J K L M N O P Q R S T U V W X Y Z
a b c d e f g h i j k l m n o p q r s t u v w x y z

drei

3

Dreieck

Daggie zeichnet ein **Dreieck**.

dreizehn

13

du

Du bist der erste, **du** die zweite und ich der dritte.

Durst

Ben hat Fußball gespielt und deshalb großen **Durst**.

duschen

Ben, Hoppel und Lumpi **duschen** vor dem Schwimmen.

A B C D **E** F G H I J K L M N O P Q R S T U V W X Y Z
a b c d **e** f g h i j k l m n o p q r s t u v w x y z

Ee

Ei

Lumpi ißt zum Frühstück ein **Ei**.

Eimer

Daggie trägt einen **Eimer** Wasser.

Einhorn

Ben guckt sich ein Bild von einem **Einhorn** an.

eins

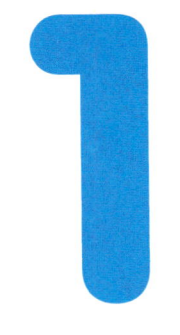

Eis

Hoppel ißt gerne ein **Eis**.

19

Ee

A B C D **E** F G H I J K L M N O P Q R S T U V W X Y Z
a b c d **e** f g h i j k l m n o p q r s t u v w x y z

Eisbär

Die Küken beobachten den **Eisbären** beim Schwimmen.

Elefant

Lumpi füttert den **Elefanten**.

elf

11

Ellbogen

Ben biegt seinen **Ellbogen**.

Esel

Lumpi füttert den **Esel** mit einer Möhre.

essen

Ben will einen Apfel **essen**.

A B C D E **F** G H I J K L M N O P Q R S T U V W X Y Z
a b c d e **f** g h i j k l m n o p q r s t u v w x y z

Ff

Fahne

Lumpi schwingt eine **Fahne**.

Fahrrad

Hoppel will mit seinem **Fahrrad** fahren.

Feder

Lumpi kitzelt Ben mit einer **Feder** an der Nase.

Fenster

Hoppel sieht aus dem **Fenster**.

Fernseher

Die Küken sitzen vor dem **Fernseher**.

Fest

Hoppel feiert ein **Fest** mit seinen Freunden.

21

Ff ABCDE**F**GHIJKLMNOPQRSTUVWXYZ
abcde**f**ghijklmnopqrstuvwxyz

Fisch

Ben angelt und fängt einen großen **Fisch**.

fliegen

Die Eule will vom Baum **fliegen**.

Floß

Die Küken rudern auf einem **Floß**.

Flugzeug

Hoppel beobachtet ein **Flugzeug** am Himmel.

folgen

Ben muß dem Pfeil **folgen**.

A B C D E **F** G H I J K L M N O P Q R S T U V W X Y Z
a b c d e **f** g h i j k l m n o p q r s t u v w x y z

Ff

Fotoapparat

Lumpi macht ein Foto mit dem **Fotoapparat**.

Frosch

Lumpi sieht dem **Frosch** zu.

Fuchs

Ben entdeckt einen **Fuchs** in seinem Garten.

fünf

5

fünfzehn

15

Fuß

Daggie zeigt ihren **Fuß**.

Daggie bringt die Küken zur **Schule**. Die Küken lernen ihre neue **Lehrerin** kennen.

Sie sagt ihnen, daß sie sich einen **Stuhl** nehmen und sich hinsetzen sollen.

Sie nimmt ein Stück **Kreide** und schreibt ihren Namen an die **Tafel**. Sie gibt den Küken einen **Bleistift** und ein **Buch**.

Die Küken **malen** Bilder.

Sie **malen** einen **Baum**, eine **Sonne**, einen **Fisch**.

Als die **Schule** zuende ist, wartet Daggie auf die drei Küken. „Hat euch die **Schule** gefallen?" fragt sie. „Ja", sagen die Küken. „**Schule** macht Spaß."

Gg

A B C D E F **G** H I J K L M N O P Q R S T U V W X Y Z
a b c d e f **g** h i j k l m n o p q r s t u v w x y z

Gabel
Hoppel futtert seine Möhre mit der **Gabel**.

Garage
Ben fährt sein Auto in die **Garage**.

Garten
Hoppel sitzt im **Garten**.

geben
Daggie will Hoppel ein schönes Geburtstagsgeschenk **geben**.

Geburtstag
Hoppel hat **Geburtstag** und öffnet schnell seine Geschenke.

Geige
Ben spielt ein Lied auf seiner **Geige**.

A B C D E F **G** H I J K L M N O P Q R S T U V W X Y Z
a b c d e f **g** h i j k l m n o p q r s t u v w x y z

Gg

Geißlein

Die Küken streicheln das **Geißlein**.

gelb

Bens Auto ist **gelb**.

Geld

Die Küken zählen ihr **Geld**.

Giraffe

Die **Giraffe** hat einen sehr langen Hals.

Gitarre

Lumpi spielt auf der **Gitarre**.

Glas

Lumpi trinkt ein **Glas** Milch.

Gg

A B C D E F **G** H I J K L M N O P Q R S T U V W X Y Z
a b c d e f **g** h i j k l m n o p q r s t u v w x y z

Glocke
Ben läutet die **Glocke**.

Goldfische
Lumpi füttert die **Goldfische**.

graben
Ben will ein tiefes Loch **graben**.

Gras
Hoppel mäht das **Gras**.

groß
Ben hat einen **großen** und drei kleine Kuchen.

grün
Bens Haustür ist **grün**.

A B C D E F G **H** I J K L M N O P Q R S T U V W X Y Z
a b c d e f g **h** i j k l m n o p q r s t u v w x y z

Hh

Hals
Hoppel trägt einen Schal um den **Hals**.

Hand
Daggie zeichnet eine **Hand**.

Handschuh
Die Küken tragen **Handschuhe**.

hängen
Daggie **hängt** ihren Mantel auf.

Haus
Dies ist Daggies **Haus**.

Himmel und Hölle
Die Küken spielen gerne **Himmel und Hölle**.

29

Hh

A B C D E F G **H** I J K L M N O P Q R S T U V W X Y Z
a b c d e f g **h** i j k l m n o p q r s t u v w x y z

Hof
Daggie sitzt im **Hof**.

holen
Hoppel **holt** Möhren vom Feld.

Hose
Ben trägt eine blaue **Hose**.

Hubschrauber
Die Küken sehen einen **Hubschrauber** am Himmel.

Hund
Ben spielt mit einem anderen **Hund**.

Hut
Ben trägt einen **Hut**.

A B C D E F G H **I** J K L M N O P Q R S T U V W X Y Z
a b c d e f g h **i** j k l m n o p q r s t u v w x y z

Ii

ich
Wer weiß, wie **ich** heiße?

Igel
Ein **Igel** sammelt Äpfel in Bens Garten.

Iglu
Die Küken bauen einen **Iglu** aus Schnee.

in
Ben sitzt **in** seinem Haus.

Insel
Ben macht Ferien auf einer einsamen **Insel**.

I-Punkt
Ein Küken setzt den **I-Punkt**.

Jj

A B C D E F G H I **J** K L M N O P Q R S T U V W X Y Z
a b c d e f g h i **j** k l m n o p q r s t u v w x y z

Jacke
Hoppel trägt eine blaue **Jacke**.

Jahrmarkt
Die Küken besuchen den **Jahrmarkt**.

Jo-jo
Lumpi spielt mit seinem **Jo-jo**.

Joghurt
Hoppel ißt zum Frühstück einen **Joghurt**.

jubeln
Alle Freunde **jubeln**.
Hoppel gewinnt den 1. Platz!

A B C D E F G H I J **K** L M N O P Q R S T U V W X Y Z
a b c d e f g h i j **k** l m n o p q r s t u v w x y z

Kk

Karotte
Hoppel futtert eine **Karotte**.

Karte
Ben sucht den Weg auf der **Karte**.

Kartoffel
Daggie pellt die **Kartoffel**.

Karussell
Die Küken fahren auf dem **Karussell**.

Käse
Nach dem Essen gibt es **Käse**.

Katze
Bens **Katze** schläft am liebsten vor dem Kamin.

Kk

A B C D E F G H I J **K** L M N O P Q R S T U V W X Y Z
a b c d e f g h i j **k** l m n o p q r s t u v w x y z

kaufen
Daggie will Entengrütze **kaufen**.

Keks
Daggie nascht gern einen **Keks**.

Kleid
Daggie trägt ein blaues **Kleid**.

klein
Hoppel hat einen **kleinen** Sessel und einen großen.

klettern
Ben will auf die hohe Leiter **klettern**.

Knopf
Ben schließt nur einen **Knopf** von seinem Mantel.

A B C D E F G H I J **K** L M N O P Q R S T U V W X Y Z
a b c d e f g h i j **k** l m n o p q r s t u v w x y z

Kk

Kommode

Daggie räumt ihre Kleider in die **Kommode**.

Kopf

Lumpi zeigt auf seinen **Kopf**.

Kopfkissen

Lumpis Kopf ruht auf dem **Kopfkissen**.

Krabbe

Die Küken finden eine **Krabbe** am Strand.

Krankenhaus

Lumpi hat sein Bein gebrochen und liegt nun eine Zeit im **Krankenhaus**.

Krankenschwester

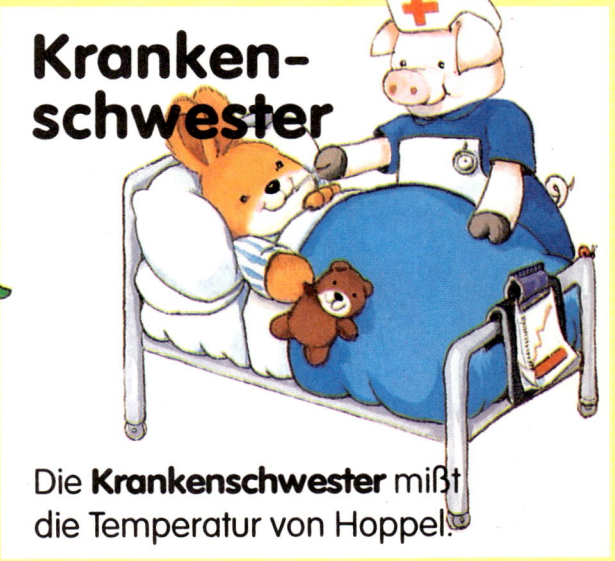

Die **Krankenschwester** mißt die Temperatur von Hoppel.

35

Kk

A B C D E F G H I J K L M N O P Q R S T U V W X Y Z
a b c d e f g h i j k l m n o p q r s t u v w x y z

Krankenwagen

Ben verletzt seine Pfote.
Ein **Krankenwagen** bringt ihn ins Krankenhaus.

Kreide

Die Küken kritzeln mit **Kreide** auf die Tafel.

Krokodil

Die Küken sind erschrocken. Das **Krokodil** hat furchtbar große Zähne.

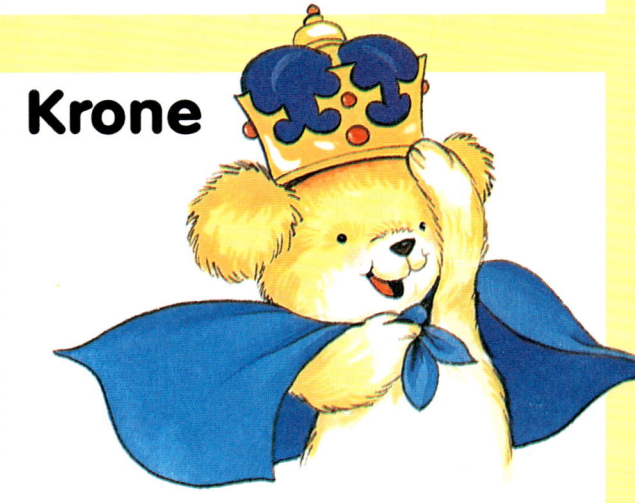

Krone

Lumpi trägt stolz eine **Krone** auf seinem Kopf.

Kröte

Lumpi hat im Garten eine **Kröte** entdeckt.

Krug

Hoppel füllt den **Krug** mit Milch.

A B C D E F G H I J **K** L M N O P Q R S T U V W X Y Z
a b c d e f g h i j **k** l m n o p q r s t u v w x y z

Kk

Küche

Lumpi brät in der neuen **Küche** leckere Würstchen.

Kuchen

Hoppel backt einen **Kuchen**.

Kühlschrank

Daggie stellt die Milch in den **Kühlschrank**.

Kuh

Die **Kuh** ist viel zu groß für Ben.

kurz

Was nun? Das Band ist zu **kurz**.

Ll

A B C D E F G H I J K **L** M N O P Q R S T U V W X Y Z
a b c d e f g h i j k **l** m n o p q r s t u v w x y z

Laken
Lumpi bezieht sein Bett mit einem neuen **Laken**.

Lampe
Lumpi sitzt bei der **Lampe**.

langsam
Der Trecker ist sehr **langsam**. Lumpi zieht ihn mit seinem Fahrrad.

Lastwagen
Der große **Lastwagen** ist rot.

lecken
Ben muß schnell an seinem Eis **lecken**, bevor es schmilzt.

leer
Lumpis Schrank ist **leer**.

A B C D E F G H I J K **L** M N O P Q R S T U V W X Y Z
a b c d e f g h i j k **l** m n o p q r s t u v w x y z

Ll

Lehrerin

Die **Lehrerin** erzählt den Küken, wie man ein Bild malt.

leicht

Daggies Tasche ist **leicht**. Es ist einfach, sie zu tragen.

Leiter

Ben steigt auf die **Leiter**.

lesen

Ben will ein Buch **lesen**.

Löffel

Daggie benutzt den **Löffel** zum Eisessen.

Mm

A B C D E F G H I J K L **M** N O P Q R S T U V W X Y Z
a b c d e f g h i j k l **m** n o p q r s t u v w x y z

malen
Die Küken **malen** ein Bild.

Mantel
Ben trägt einen **Mantel**. Es schneit.

Matte
Hoppel tritt seine Füße auf der **Matte** ab.

Maus
Hoppel sieht eine **Maus**.

Medaille
Ben zeigt allen stolz seine **Medaille**.

Medizin
Lumpi ist krank. Er nimmt seine **Medizin**.

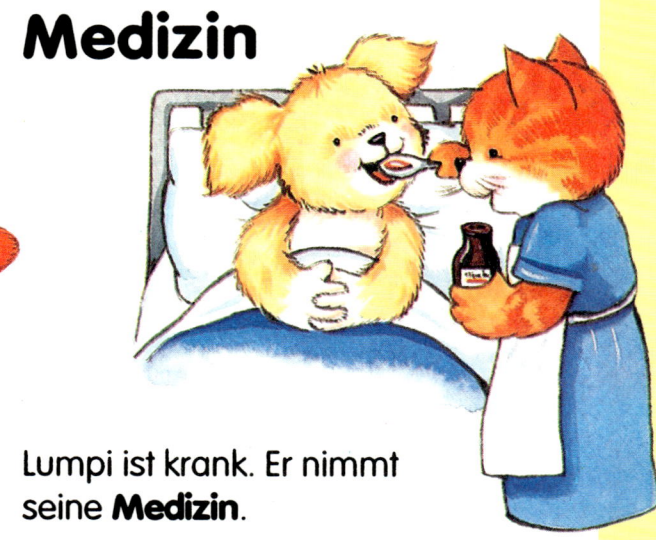

A B C D E F G H I J K L **M** N O P Q R S T U V W X Y Z
a b c d e f g h i j k l **m** n o p q r s t u v w x y z

Mm

Meer

Maggie spielt am **Meer**.

Meerjungfrau

Daggie liest den Küken die Geschichte der **Meerjungfrau** vor.

Messer

Daggie nimmt das große **Messer**, um Brot zu schneiden.

Mikrowelle

Hoppel stellt das Essen in die **Mikrowelle**.

Milch

Lumpi trinkt etwas **Milch**.

mischen

Hoppel backt einen Kuchen. Er will alle Zutaten **mischen**.

41

Mm

A B C D E F G H I J K L **M** N O P Q R S T U V W X Y Z
a b c d e f g h i j k l **m** n o p q r s t u v w x y z

Mond

Daggie schaut den gelben **Mond** an.

Möwe

Auf Hoppels Mauer sitzt eine **Möwe**.

Mund

Daggie zeichnet einen **Mund**.

Murmel

Eines der Küken wirft die **Murmel**.

Mütze

Lumpi hat eine neue **Mütze** bekommen.

Muschel

Hoppel findet eine **Muschel** am Strand.

A B C D E F G H I J K L M **N** O P Q R S T U V W X Y Z
a b c d e f g h i j k l m **n** o p q r s t u v w x y z

Nn

Nadel
Lumpi näht mit einer dicken **Nadel**.

Nagel
Ben schlägt einen **Nagel** in die Wand.

Name
An Lumpis Tür steht sein **Name**.

Nase
Ben faßt sich an die **Nase**.

Nashorn
Die Küken bestaunen das **Nashorn**.

naß
Es regnet, und Ben wird ganz **naß**.

Nn

ABCDEFGHIJKLM**N**OPQRSTUVWXYZ
abcdefghijklm**n**opqrstuvwxyz

nehmen

Daggie will sich ein Buch **nehmen**.

Nest

Die Küken entdecken Eier im **Nest**.

Netz

Ben fischt mit dem **Netz**.

neun

9

neunzehn

19

Nuß

Lumpi knackt die **Nuß**.

A B C D E F G H I J K L M N O P Q R S T U V W X Y Z
a b c d e f g h i j k l m n o p q r s t u v w x y z

Oo

Oase

Ben zeigt Hoppel die **Oase**.

oben

Lumpi entdeckt die Geschenke **oben** auf dem Schrank.

Ober

Der **Ober** bringt Ben einen Eisbecher.

Ofen

Die Küken wärmen sich am **Ofe**n.

Ohr

Hoppel zeigt auf sein **Ohr**.

Orchester

Daggie hört dem **Orchester** zu.

Pp

ABCDEFGHIJKLMNO**P**QRSTUVWXYZ
abcdefghijklmno**p**qrstuvwxyz

Panda
Die Küken entdecken den **Panda**.

Pantoffeln
Ben hat braune **Pantoffeln**.

Papagei
Daggie sieht einen **Papagei**.

Pferd
Ben reitet auf einem **Pferd**.

Pfütze
Die Küken spielen in der **Pfütze** und werden naß.

A B C D E F G H I J K L M N O **P** Q R S T U V W X Y Z
a b c d e f g h i j k l m n o **p** q r s t u v w x y z

Pp

Picknick

Ben und seine Freunde machen ein **Picknick**.

Pilz

Lumpi ißt einen **Pilz**.

Pinguin

Hoppel füttert den **Pinguin** mit einem Fisch.

planschen

Die Küken **planschen** in der Pfütze.

Pony

Hoppel streichelt das **Pony**.

47

Qq

A B C D E F G H I J K L M N O P Q R S T U V W X Y Z
a b c d e f g h i j k l m n o p q r s t u v w x y z

quaken

Die Frösche **quaken** am See.

Qualm

Dicker **Qualm** steigt aus dem Schornstein.

Quark

Ben ißt zum Frühstück **Quark** und Honig.

Quirl

Die Küken mixen mit dem **Quirl**.

A B C D E F G H I J K L M N O P Q **R** S T U V W X Y Z
a b c d e f g h i j k l m n o p q **r** s t u v w x y z

Rr

Rad

Lumpi setzt ein neues **Rad** in sein Fahrrad.

Regal

Daggie stellt die Bücher auf ihr **Regal**.

Regen

Die Küken spielen im **Regen**.

Regenbogen

Daggie sieht einen **Regenbogen**.

Regenschirm

Daggie ist glücklich. Sie hat einen **Regenschirm**.

Rr

A B C D E F G H I J K L M N O P Q **R** S T U V W X Y Z
a b c d e f g h i j k l m n o p q **r** s t u v w x y z

Reh
Das **Reh** lebt im Wald.

Reißverschluß
Ben schließt seinen **Reißverschluß**.

rennen
Ben muß sehr schnell **rennen**, sonst kommt er zu spät.

Rock
Daggie trägt einen blauen **Rock**.

röntgen
Daggie muß sich **röntgen** lassen. Vielleicht ist ihr Bein gebrochen.

rollen
Lumpi will den Ball ganz weit über den Boden **rollen** lassen.

A B C D E F G H I J K L M N O P Q R S T U V W X Y Z
a b c d e f g h i j k l m n o p q r s t u v w x y z

Rr

Roller

Ben fährt auf seinem **Roller**.

Rollschuh

Ben lernt **Rollschuh** fahren.

Rollstuhl

Daggie hat ihr Bein im Gips und muß für eine Weile im **Rollstuhl** sitzen.

Rose

Die Küken freuen sich an dem Duft der **Rose**.

rot

Lumpis Handschuhe sind **rot**.

Rotkehlchen

Hoppel freut sich über ein **Rotkehlchen** in seinem Garten.

Rr

A B C D E F G H I J K L M N O P Q R S T U V W X Y Z
a b c d e f g h i j k l m n o p q r s t u v w x y z

Ruder

Ben braucht die **Ruder**, um schnell voranzukommen.

rühren

Lumpi backt einen Kuchen. Er muß den Teig lange **rühren**.

Rüssel

Junge Elefanten haben noch ganz kurze **Rüssel**.

A B C D E F G H I J K L M N O P Q R S T U V W X Y Z
a b c d e f g h i j k l m n o p q r s t u v w x y z

Rr

rufen

Daggie muß die Küken zum Essen **rufen**.

Rutsche

Hoppel rutscht auf der **Rutsche**.

rütteln

Ben muß am Baum **rütteln**, damit die leckeren Kastanien herunterfallen.

Lumpi, Hoppel und Daggie wollen auf den Spielplatz.

Lumpi fährt mit seinem **blauen Fahrrad**,
Hoppel mit seinen **roten Rollschuhen**,
Ben mit seinem **gelben Skateboard**.

Als sie ankommen, sind Daggie und die Küken schon da.

Die Küken **rutschen** die Rutsche hinunter. Lumpi schaukelt auf der **Schaukel**. „Guckt mal, wie hoch ich **schaukeln** kann", ruft er.

Ben und Hoppel sitzen auf der **Wippe**.

Alle **spielen** auf dem Spielplatz und freuen sich.

Ss

A B C D E F G H I J K L M N O P Q R **S** T U V W X Y Z
a b c d e f g h i j k l m n o p q r **s** t u v w x y z

Salat

Hoppel futtert gern **Salat**.

Sandkiste

Die Küken spielen in der **Sandkiste**.

Schal

Lumpi trägt einen **Schal**. Draußen ist es kalt.

Schaufel

Lumpi gräbt ein Loch mit der **Schaufel**.

Schaukel

Ben schaukelt auf der **Schaukel**.

schaukeln

Die Küken **schaukeln** auf dem Schaukelpferd.

A B C D E F G H I J K L M N O P Q R S T U V W X Y Z
a b c d e f g h i j k l m n o p q r s t u v w x y z

Ss

Schere
Lumpi schneidet Papier mit der **Schere**.

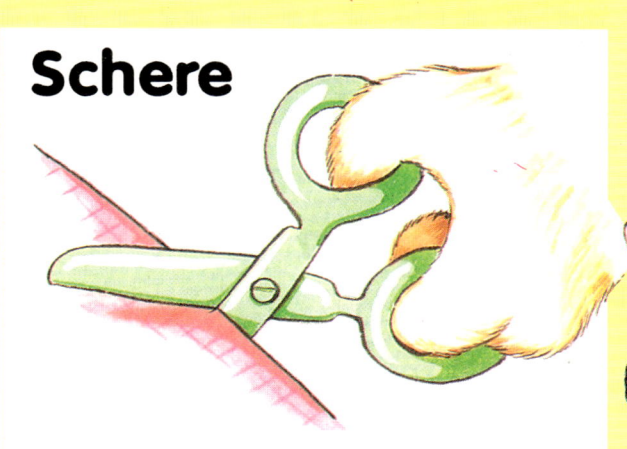

schieben
Ben will die Schubkarre in den Hof **schieben**.

Schiff
Die Küken sehen ein **Schiff** vorbeifahren.

Schildkröte
Hoppel reitet auf der **Schildkröte**.

Schläger
Lumpi holt weit mit dem **Schläger** aus.

Schleife
Daggie bindet eine **Schleife** um das Geschenk.

Ss

A B C D E F G H I J K L M N O P Q R **S** T U V W X Y Z
a b c d e f g h i j k l m n o p q r **s** t u v w x y z

Schlitten

Ben fährt mit seinem **Schlitten** den Berg hinab.

Schlitt-schuh

Die Küken fahren mit ihren **Schlittschuhen** auf dem See.

Schmetterling

Ein bunter **Schmetterling** landet auf Lumpis Kopf.

Schnecke

Da kriecht eine **Schnecke** auf dem Weg.

Schnee

Die Küken spielen im **Schnee**.

A B C D E F G H I J K L M N O P Q R S T U V W X Y Z
a b c d e f g h i j k l m n o p q r s t u v w x y z

Ss

Schneeball

Hoppel trifft Ben mit einem **Schneeball**.

schnell

Ben gewinnt das Rennen.
Er lief sehr **schnell**.

schreiben

Daggie will einen Brief **schreiben**.

Schreibtisch

Hoppel sitzt an seinem **Schreibtisch**.

Schuh

Ben kann nur einen **Schuh** finden.
Wo ist der andere?

Ss

A B C D E F G H I J K L M N O P Q R **S** T U V W X Y Z
a b c d e f g h i j k l m n o p q r **s** t u v w x y z

Schule
Die Küken sind in der **Schule**.

Schürze
Daggie trägt eine **Schürze**.

Schwamm
Ben benutzt einen **Schwamm**, um sich zu waschen.

Schwanz
Ben zeigt auf den **Schwanz** von seinem Pferd.

schwarz
Lumpi malt Mieze.
Sie ist **schwarz** und ein bißchen weiß.

Schwein
Die Küken müssen lachen, als das **Schwein** sich im Schlamm wälzt.

60

Ss

schwer
Hoppels Einkaufstasche ist sehr **schwer**.

schwimmen
Hoppel mag gern **schwimmen**.

sechs
6

sechzehn
16

Seehund
Lumpi schaut dem **Seehund** zu, wie er seine Kunststücke vorführt.

Seestern
Lumpi findet einen **Seestern** zwischen den Felsen.

Ss

A B C D E F G H I J K L M N O P Q R **S** T U V W X Y Z
a b c d e f g h i j k l m n o p q r **s** t u v w x y z

Seife

Ben wäscht seine Hände. Er benutzt dazu **Seife**.

Sessel

Ben sitzt gern in seinem **Sessel**.

sieben

7

siebzehn

17

sitzen

Daggie **sitzt** auf einem Stuhl.

Skateboard

Lumpi spielt mit einem **Skateboard**.

A B C D E F G H I J K L M N O P Q R **S** T U V W X Y Z
a b c d e f g h i j k l m n o p q r **s** t u v w x y z

Ss

Skilaufen

Ben ist zum **Skilaufen** in den Bergen. Er saust den Hang hinunter.

Socke

Lumpi trägt eine rote und eine blaue **Socke**.

Sofa

Die Küken sitzen auf dem **Sofa** und gucken Fernsehen.

Sonne

Die Küken spielen draußen, wenn die **Sonne** scheint.

Spiegel

Daggie schaut sich im **Spiegel** an.

spielen

Die Küken **spielen** mit ihrem Spielzeug.

63

Ss

A B C D E F G H I J K L M N O P Q R **S** T U V W X Y Z
a b c d e f g h i j k l m n o p q r **s** t u v w x y z

springen

Ben und Hoppel **springen**. Wer springt höher?

Springtau

Die Küken spielen mit dem **Springtau**.

Staubsauger

Lumpi benutzt den **Staubsauger**, um den Teppich zu säubern.

stehen

Ben muß in der Ecke **stehen**.

Stern

Die Küken sehen einen **Stern** am Himmel.

Stethoskop

Der Arzt horcht Hoppel mit dem **Stethoskop** ab.

A B C D E F G H I J K L M N O P Q R **S** T U V W X Y Z
a b c d e f g h i j k l m n o p q r **s** t u v w x y z

Ss

Stiefel

Lumpi trägt ein Paar **Stiefel**.

Strand

Daggie hat Spaß am **Strand**.

streichen

Ben ist dabei, den Zaun zu **streichen**.

Strohhalm

Lumpi trinkt seinen Milchshake mit einem **Strohhalm**.

Strumpf

Ben hängt Weihnachten immer einen **Strumpf** auf.

Stuhl

Daggie sitzt auf einem **Stuhl**.

Tt

A B C D E F G H I J K L M N O P Q R S **T** U V W X Y Z
a b c d e f g h i j k l m n o p q r s **t** u v w x y z

Tafel
Daggie schreibt etwas an die **Tafel**.

Tasche
Daggie trägt ihren Einkauf in einer **Tasche** nach Hause.

Taschentuch
Hoppel putzt seine Nase mit einem **Taschentuch**.

Teddy
Hoppel nimmt seinen **Teddy** mit in sein Bett.

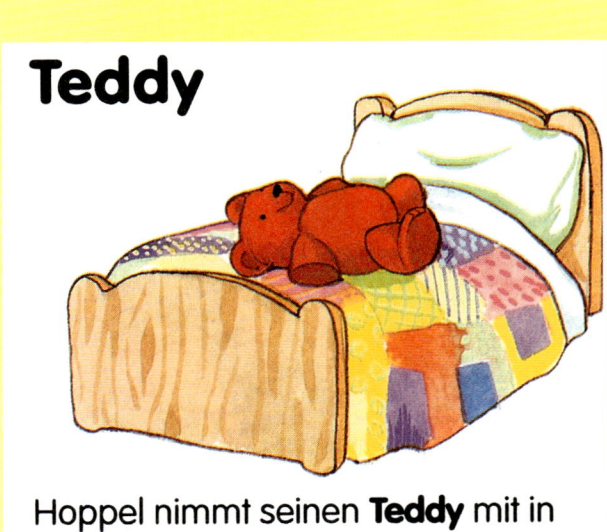

Teich
In Lumpis **Teich** schwimmen Goldfische.

Telefon
Daggie spricht mit ihren Freunden durch das **Telefon**.

A B C D E F G H I J K L M N O P Q R S **T** U V W X Y Z
a b c d e f g h i j k l m n o p q r s **t** u v w x y z

Tt

Teller

Ben stellt einen **Teller** auf den Tisch.

Teppich

Lumpi hat einen roten **Teppich** in seinem Zimmer.

Thermometer

Der Arzt mißt Bens Temperatur mit einem **Thermometer**.

Tiger

Daggie denkt, daß der **Tiger** sehr furchterregend aussieht.

Tintenfisch

Die Küken versuchen zu zählen, wieviele Arme der **Tintenfisch** hat.

Tisch

Daggie sitzt am **Tisch**.

Tt

A B C D E F G H I J K L M N O P Q R S **T** U V W X Y Z
a b c d e f g h i j k l m n o p q r s **t** u v w x y z

Tomate

Daggie ißt eine **Tomate**.

Topf

Hoppel stellt einen **Topf** in den Schrank.

Trampolin

Lumpi springt auf dem **Trampolin**.

Trecker

Ben fährt einen **Trecker**.

trinken

Lumpi ist durstig. Er muß etwas **trinken**.

trocken

Es regnet, aber Hoppel bleibt **trocken**.

A B C D E F G H I J K L M N O P Q R S **T** U V W X Y Z
a b c d e f g h i j k l m n o p q r s **t** u v w x y z

Tt

Trommel
Ben schlägt auf eine **Trommel**.

Trompete
Hoppel spielt **Trompete**.

Truthahn
Daggie sieht einen **Truthahn** auf dem Bauernhof.

Tunnel
Die Küken gehen durch einen **Tunnel**.

Tür
Hoppel klopft an die **Tür**.

Turm
Lumpi steht oben auf einem **Turm**.

69

Uu

A B C D E F G H I J K L M N O P Q R S **T U** V W X Y Z
a b c d e f g h i j k l m n o p q r s **t u** v w x y z

Uhr

Daggie schaut auf die **Uhr**, um zu sehen, wie spät es ist.

umarmen

Ben und seine Freundin Pussy **umarmen** sich.

Uniform

Die Küken mögen die **Uniform** des Polizisten.

unter

Lumpi hat sich **unter** dem Tisch versteckt.

Unwetter

Ben schaut aus dem Fenster. Draußen tobt ein schweres **Unwetter**.

A B C D E F G H I J K L M N O P Q R S T U **V** W X Y Z
a b c d e f g h i j k l m n o p q r s t u **v** w x y z

Vv

Vase
Daggie stellt einige Blumen in eine **Vase**.

Verband
Hoppel hat sein Bein verletzt. Er legt einen **Verband** darum.

vier
4

vierzehn
14

Vogelscheuche
Die Küken sehen eine große **Vogelscheuche** auf dem Feld.

voll
Die Spielzeugkiste der Küken ist **voll**.

Ww

A B C D E F G H I J K L M N O P Q R S T U V **W** X Y Z
a b c d e f g h i j k l m n o p q r s t u v **w** x y z

waschen

Hoppel **wäscht** seine Kleider.

werfen

Ben und Hoppel **werfen** einen Ball hin und her.

Werkzeugkasten

Lumpi sucht in seinem Werkzeugkasten nach einem **Hammer**.

Windmühle

Die Küken gehen spazieren. Sie können eine **Windmühle** sehen.

Wippe

Die Küken spielen auf einer **Wippe**.

A B C D E F G H I J K L M N O P Q R S T U V W X Y Z
a b c d e f g h i j k l m n o p q r s t u v w x y z

Xx

X-Beine

Die Küken zeigen Ben, wie **X-Beine** aussehen können.

Xylophon

Ben feiert ein Fest. Hoppel spielt **Xylophon**.

Yy

Yacht

Die Freunde schauen zu, wie eine wunderschöne **Yacht** aus dem Hafen segelt.

73

Zz

A B C D E F G H I J K L M N O P Q R S T U V W X Y Z
a b c d e f g h i j k l m n o p q r s t u v w x y z

Zahnarzt

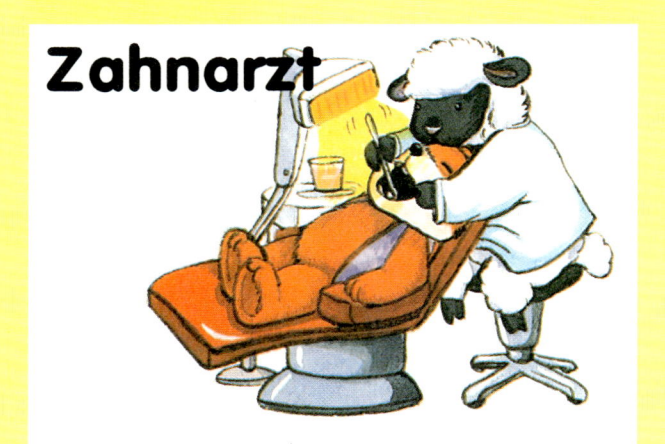

Der **Zahnarzt** untersucht Bens Zähne.

Zahnbürste

Hoppel putzt seine Zähne. Er braucht eine **Zahnbürste** und Zahnpasta.

Zaun

Hoppel streicht den **Zaun**.

Zebra

Die Küken beobachten ein kleines **Zebra** mit seiner Mutter.

zehn

10

Ziege

Ben streichelt die **Ziege**.

A B C D E F G H I J K L M N O P Q R S T U V W X Y Z
a b c d e f g h i j k l m n o p q r s t u v w x y z

Zz

ziehen

Hoppel muß einen Karren mit Mohrrüben **ziehen**.

Zoo

Die Küken verbringen einen Tag im **Zoo**.

Zug

Die Küken fahren mit dem **Zug**.

zwei 2

zwanzig 20

Zwiebel

Hoppel schält eine **Zwiebel**. Von dem Geruch muß er weinen.

zwölf 12

75

Es ist Weihnachten. Ben schmückt den **Christbaum**.

Hoppel hängt seinen **Strumpf** an den Kamin.
Daggie packt ein **Geschenk** ein.

Die Küken spielen im **Schnee**.

Sie bauen einen **Schneemann**. Er trägt einen Hut und einen **Schal**.

Lumpi backt einen Weihnachtskuchen.
Alle Freunde bekommen ein Stück **Kuchen**.

„Fröhliche Weihnachten euch allen!" ruft er. „Fröhliche Weihnachten, Paddy!" wünschen ihm die Freunde.

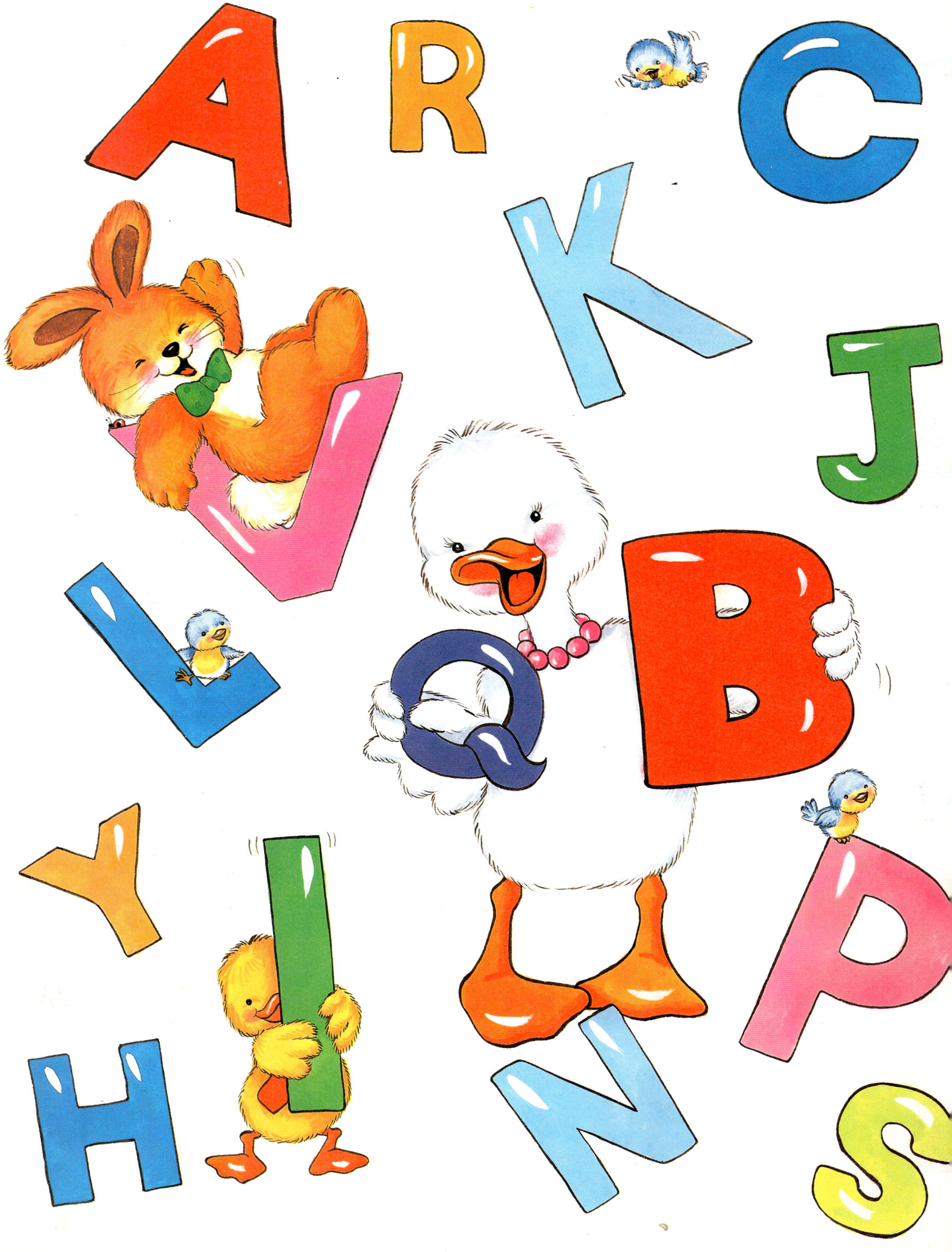
A
R
C
K
J
V
L
B
Q
Y
I
H
N
P
S